UDAN

Hakerek-na'in: Caroline Evari
Ilustrasaun husi Rosa Lorena Gonzaga

Library For All Ltd.

Library For All mak organizasaun Australiana ne'ebé *not for profit* (la buka lukru). Library For All iha misaun hodi ema hotu iha asesu ba koñesimentu. Ami koko atinje misaun ne'e liuhosi biblioteka dijitál ne'ebé inovativu.
Vizita ami iha libraryforall.org

Udan

Publikasaun dahuluk 2019
Publikasaun dahuluk lian Tetun 2019

Publikadu husi Library For All Ltd
Email: info@libraryforall.org
Website: libraryforall.org

Aprova husi: Ministério da Educação, Juventude e Desporto (fulan-maiu, 2020).

Ilustrasaun husi: Rosa Lorena Gonzaga

Udan
Evari, Caroline
ISBN: 978-1-922331-71-7
SKU00956

UDAN

Udan tun ona.

Ó bele rona ka lae?
Udan hanesan matan-been.

Udan-been barak
monu ba rai.
Ó bele rona ka lae?

Udan-been monu ba uma-kakuluk.
Udan maka'as liu ona.

Udan tun maka'as liu ona.
Ó bele sente ka lae?

Udan-been monu maka'as liu ona.
Ó bele rona ka lae?

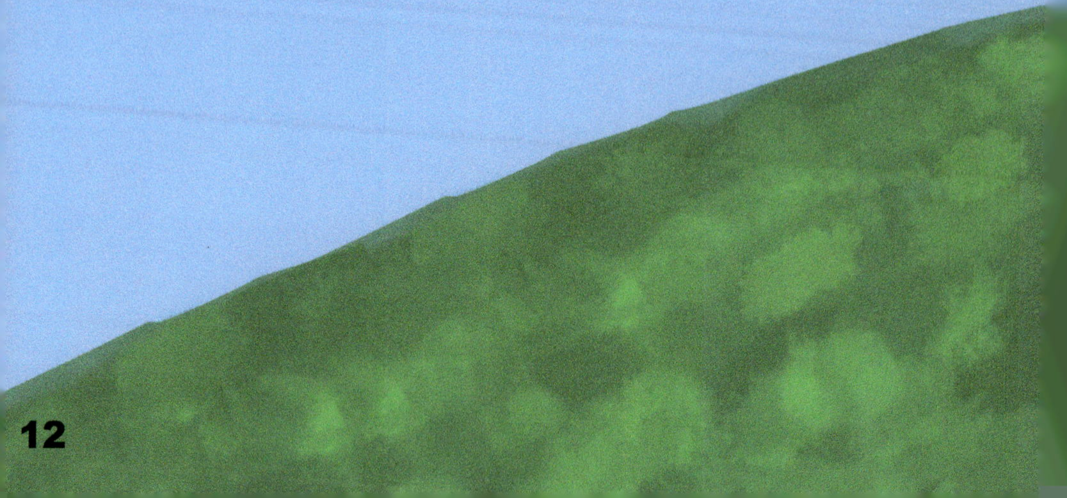

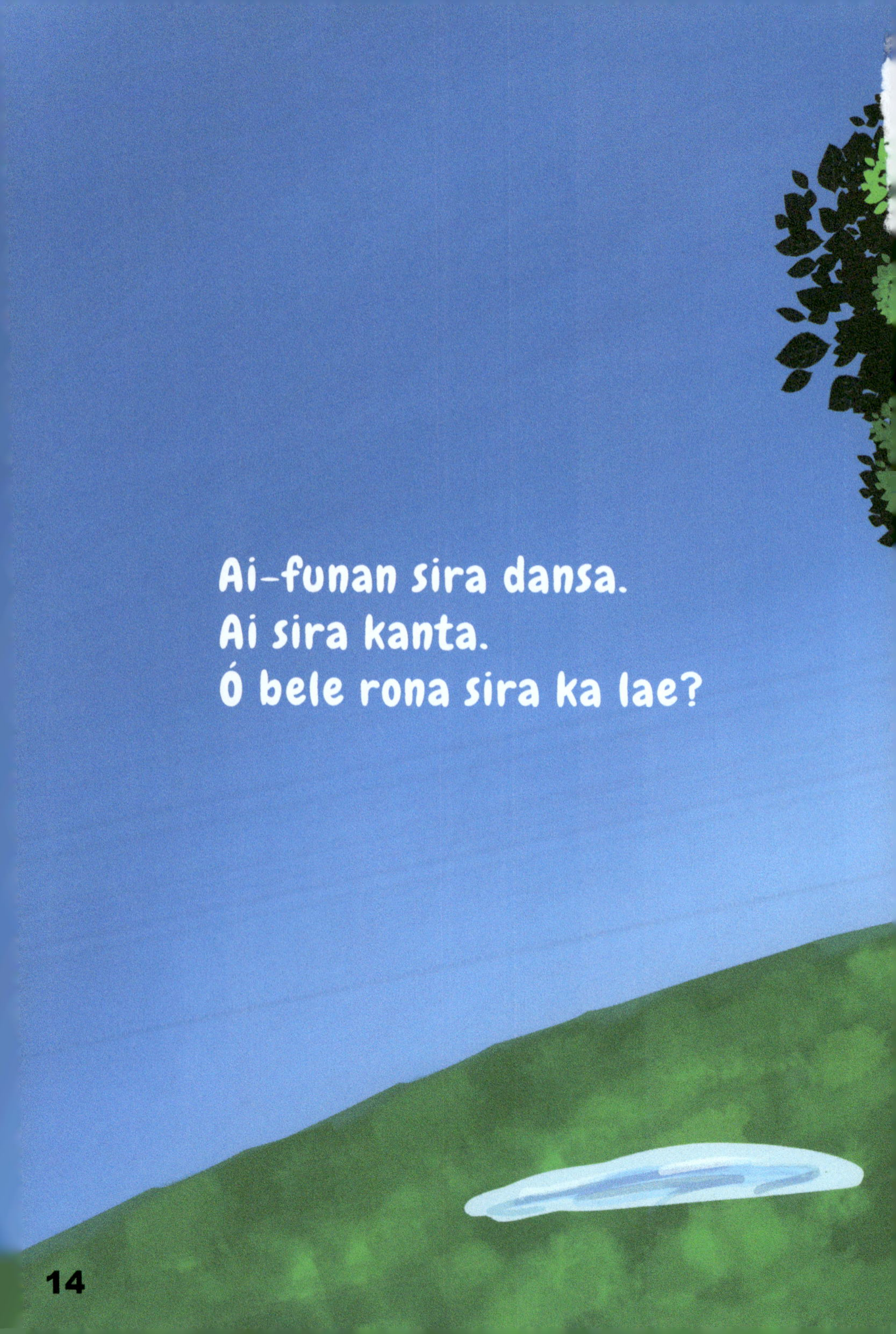

Ai-funan sira dansa.
Ai sira kanta.
Ó bele rona sira ka lae?

Udan tun ona.
Bainhira udan tun,
ha'u haksolok tebes.

Ó bele uza pergunta hirak-ne'e hodi ko'alia kona-ba livru ne'e ho ó-nia família, belun sira no mestre sira.

Ó aprende saida husi livru ne'e?

Ho liafuan ida ka rua deskreve livru ne'e. Kómiku? Halo ta'uk? Halo kontente? Interesante?

Ó sente oinsá bainhira ó lee hotu tiha livru ne'e?

Parte ida ne'ebé mak ó gosta liuhosi livru ne'e?

Download ami-nia app ba lee-na'in sira iha
getlibraryforall.org

Kona-ba kontribuidór sira

Library For All servisu hamutuk ho hakerek-na'in no artista sira husi mundu tomak atu dezenvolve istória ne'ebé relevante, kualidade di'ak no kona-ba tópiku oioin. Ami halo istória hirak-ne'e ba lee-na'in labarik no joven sira.

Vizita website libraryforall.org atu hetan informasaun atuál kona-ba ami-nia workshop ba hakerek-na'in, informasaun kona-ba oinsá atu submete livru ba publikasaun, no oportunidade kriativu seluk.

Ó gosta livru ne'e?

Ami iha istória orijinál atus ba atus ne'ebé ita bele lee.

Ami servisu hamutuk ho hakerek-na'in lokál sira, edukadór sira, konsellu kultura nian, Governu no ONG sira atu lori ksolok lee ba labarik sira iha fatin ne'ebé de'it.

Ó hatene?

Ami kria impaktu globál iha área hirak-ne'e tanba ami servisu tuir Objetivu Dezenvolvimentu Sustentavel Nasoens Unidas nian.

libraryforall.org

www.ingramcontent.com/pod-product-compliance
Ingram Content Group UK Ltd.
Pitfield, Milton Keynes, MK11 3LW, UK
UKHW050120250325
5122UKWH00071B/1067

9 781922 331717